HONRANDO EL LEGADO DE MI MADRE

21 temas que debes conocer para tu éxito empresarial y personal

Juan Manuel Vera Valdivieso

www.jmverav.com

Honrando el legado de mi madre

21 temas que debes conocer para tu éxito empresarial y personal.

Juan Manuel Vera Valdivieso

Primera Edición

Dirección editorial: Margarita Martínez Meza

Diseño gráfico e ilustración: Margarita Martínez Meza

Veni Creator, Conocimiento en acción.

www.veni-creator.com

clientes@veni-creator.com

SCAN ME

Veni Creator

Contenido

Prólogo

Me maravilla la habilidad que poseen muy pocas personas de explicar conceptos complejos, Juan Manuel es uno de ellos. A través de cada uno de los artículos que conforman este libro, he logrado adentrarme en términos y herramientas de economía y finanzas que previamente había escuchado, pero que cuyo propósito y aplicación real desconocía por completo. Ahora comprendo cómo estas ideas pueden beneficiar a las empresas y a las personas de manera tangible.

Te invito a sumergirte en las páginas de este libro que lleva por título "Honrando el legado de mi madre: 21 temas que debes conocer para tu éxito empresarial y personal". En este libro, descubrí una obra excepcional que combina dos aspectos fundamentales en la vida: el reconocimiento de aquellos que nos han precedido y la búsqueda constante de crecimiento y éxito en el ámbito empresarial y personal. Estos objetivos se cumplen al incorporar temas fundamentales de manera clara y concisa de tal forma que puedas darte la oportunidad de conocer los aspectos fundamentales para que puedas iniciar el conocimiento y aplicación de estos conceptos en tu ámbito profesional y personal.

Me cautivó la historia de José el Emprendedor. Su relato inspirador demostró que el emprendimiento es mucho más que crear un negocio, es una actitud que nos impulsa a alcanzar nuestras metas y a encontrar la realización personal. A través de esta historia, pude ver reflejados mis deseos de aprender y de ver cómo se pueden aplicar de manera tangible cada uno de estos términos. Por supuesto nos remite a las muchas personas que nos han motivado a alcanzar nuestra más grande posibilidad, iniciando por nuestros padres, y al hacerlo no sólo estamos agradeciéndoles sino además honrando su legado.

Juan Manuel nos presenta siete conceptos clave que nos permiten comprender la importancia de la economía y cómo aplicarlos en nuestra vida cotidiana. Quedé impresionada por la manera en que se abordaron temas complejos de manera accesible y amena, despertando en mí un interés genuino por explorar más a fondo estos conceptos.

Uno de los aspectos que más me atrajo fue el enfoque en el cliente y los siete conceptos importantes de Six-Sigma. En un mundo empresarial altamente competitivo, entender cómo brindar un servicio de calidad y satisfacer las necesidades del cliente se vuelve fundamental. El autor nos proporciona conceptos y herramientas valiosas para lograrlo, lo cual considero un punto clave para el éxito de cualquier negocio.

Además, el libro aborda temas como el marketing digital, el SEO, la calidad en productos y servicios, la gestión empresarial y muchos otros aspectos relevantes en el mundo de los negocios. Cada capítulo está cuidadosamente estructurado y proporciona conocimientos sobre conceptos prácticos y estrategias que al ser aplicadas contribuirán al éxito de tu negocio o proyecto.

A lo largo de estas páginas, también me encontré con valiosas lecciones sobre liderazgo efectivo, inteligencia emocional y coaching ejecutivo. Estos conceptos me hicieron reflexionar sobre mi propio desarrollo personal y profesional, y las diversas formas en las que se puede crecer y alcanzar mis metas con éxito en el ámbito personal y empresarial.

En resumen, este libro es una guía completa que aborda temas fundamentales de manera puntual y sencilla para todo aquel que como yo tenga poca noción de los términos o bien busque incorporar nuevas formas de desarrollo para su empresa. Cada capítulo ha sido escrito con pasión y conocimiento, brindándonos una visión clara de cómo los profesionales y las empresas están alcanzando el éxito.

Te invito a que te sumerjas en estas páginas y te permitas aprender y crecer. Descubrirás que "Honrando el legado de mi madre: 21 temas que debes conocer para tu éxito empresarial y personal" es una obra que te inspirará, te desafiará y te brindará los conceptos necesarios para alcanzar tus metas y honrar tu propio legado.

¡Este libro es una emocionante aventura de aprendizaje y crecimiento!

Margarita Martínez Meza
Directora de Veni-creator.com

Introducción

Querido lector,

Permíteme compartir contigo una historia personal que encierra tanto inspiración como motivación.

Hace dos años, perdí a mi madre, una mujer excepcional, inteligente y emprendedora. Aunque su formación académica se centró en la filosofía, el arte y la literatura, siempre me brindó un apoyo incondicional y me alentó a perseguir mis sueños, incluso en mi trayectoria como Profesional y Empresarial.

A pesar de no estar directamente involucrada en mi trabajo, su capacidad para comprender y formular preguntas perspicaces siempre me emocionaba. Quedaba claro que poseía una gran inteligencia y una curiosidad innata por aprender cosas nuevas.

Por eso, en mayo, mes dedicado a nuestras madres, quise honrar su memoria e inicié a escribir una serie artículos que simplificarán y aclararán los conceptos fundamentales de mi trabajo como Estratega Empresarial y Personal.

Deseo compartir mi conocimiento y ayudar a aquellos que, al igual que mi madre, sienten un interés genuino por aprender o explicar algo nuevo. A través de cada capítulo, exploraré temas tan vitales como la Economía, el Marketing, la Calidad, el Customer Experience, el Emprendimiento, las Finanzas Corporativas, la Estrategia Empresarial y el Design Thinking, entre otros.

Juntos iniciaremos un viaje por los puntos más importante para iniciar, gestionar y operar con éxito un proyecto empresarial y personal, que debes tener en cuenta.

Estos conceptos pueden parecer complejos al principio, pero confío en que, con una explicación adecuada, se vuelvan fácilmente comprensibles y aplicables. Deseo que mi madre sepa que, aunque su presencia física ya no esté conmigo, su espíritu continúa siendo una fuente de inspiración y motivación constante.

Y quiero que tú, querido lector, encuentres en las páginas de este libro una fuente de inspiración también, que te impulse en tu camino hacia el éxito empresarial y personal.

Permíteme guiarte hacia un mayor entendimiento y dominio de los temas que abordaremos juntos.

Te agradezco por acompañarme en este viaje, y espero que disfrutes de las siguientes publicaciones que están por venir.

Siempre recuerda que, al honrar el legado de aquellos que nos inspiran, encontramos la fuerza para forjar nuestro propio camino hacia el éxito.

Con gratitud,

Juan Manuel Vera Valdivieso
Mayo de 2023

La historia de José el Emprendedor

Había una vez un emprendedor llamado **José, un joven apasionado y decidido que se embarcó en el desafiante camino hacia el éxito empresarial.** Sin embargo, detrás de su determinación se encontraba el recuerdo constante de su madre, **Rebeca**, quien siempre lo formó y motivó para perseguir sus sueños.

Rebeca, una mujer sabia y visionaria, comprendía la importancia de la economía en la vida de su hijo. Desde temprana edad, le inculcó la curiosidad por comprender cómo funcionaba el mundo financiero y cómo los **Conceptos Económicos** afectaban tanto a las empresas como a las personas.

A medida que José crecía, su madre también lo introdujo en el mundo del **Marketing,** enseñándole los fundamentos de la promoción, la publicidad y la importancia de conocer a fondo a los clientes. A través de ejemplos prácticos y consejos inspiradores, Rebeca despertó en él el interés por el marketing y la necesidad de adaptarse a las nuevas tendencias.

Con el tiempo, el **Marketing Digital** se convirtió en un campo de estudio esencial para José. Su madre, al tanto de las últimas tecnologías, le explicó cómo el mundo digital podía llegar a una audiencia diversa y amplia, brindando oportunidades sin límites para emprendedores como él.

Al sumergirse en el mundo del marketing digital, José descubrió la importancia del **SEO (Search Engine Optimization)** para mejorar su presencia en línea. Su madre lo alentó a aprender sobre los conceptos clave del SEO y a aplicarlos estratégicamente, para que su negocio pudiera destacarse en los motores de búsqueda y llegar a más personas interesadas en sus productos.

Rebeca también le enseñó a José que la **Calidad** era la clave para cualquier producto o servicio. Le alentó a descubrir los principios fundamentales de la calidad y cómo estos eran un factor diferenciador en el mercado. José comprendió que ofrecer un producto o servicio de alta calidad era crucial para ganarse la confianza de los clientes y garantizar su satisfacción.

José aprendió los conceptos más importantes de **Six-Sigma** y cómo su enfoque en el cliente podía marcar la diferencia en la gestión empresarial y los compartió con Rebeca. Se enfocó en cómo aplicarlos en su propio negocio con el objetivo de mejorar continuamente y alcanzar altos estándares de calidad y de satisfacción para sus Clientes.

Consciente de la importancia de la gestión empresarial eficiente, José también destacó la relevancia de la norma **ISO-9001.** Entendió cómo esta norma podía guiarlo en la implementación de procesos y controles efectivos, asegurando así la calidad y el cumplimiento de los estándares internacionales.

Rebeca siempre hizo hincapié en que la **Experiencia del Cliente** era vital para el éxito de cualquier negocio. Ella le enseñó a José sobre la importancia de brindar un servicio excepcional y él descubrió cómo medir la satisfacción del cliente a través del **Net Promoter Score (NPS)**.

En su afán por mejorar continuamente, José buscó métodos ágiles para impulsar la calidad del trabajo y la satisfacción del cliente. Así fue como conoció las **Metodologías Agile y SCRUM**, que le permitieron optimizar sus procesos, adaptarse rápidamente a los cambios y entregar resultados de alto valor en menor tiempo.

Rebeca también le habló a José sobre la importancia del **Design Thinking** y cómo esta metodología podía ayudarlo a abordar los desafíos empresariales desde una perspectiva creativa e innovadora. José aplicó los conceptos clave del Design Thinking para mejorar su enfoque de resolución de problemas.

A medida que José avanzaba en su camino hacia el éxito empresarial, Rebeca le brindó valiosos consejos sobre **Finanzas Personales**. Le enseñó a administrar sus ingresos, invertir de manera inteligente y cumplir sus metas financieras tanto personales y empresariales. Ello motivó a José a descubrir el mundo de las **Finanzas Corporativas** para lograr mejores utilidades para su empresa.

Con una visión más completa del mundo empresarial, José se sumergió en el estudio de la **Estrategia Empresarial**. Comprendió la importancia de definir una visión clara, establecer objetivos estratégicos y desarrollar planes de acción efectivos para alcanzar el éxito a largo plazo.

Impulsado por el **Espíritu Emprendedor** inculcado por su madre, José se dio cuenta de que emprender no solo implicaba crear un negocio, sino que también requería una actitud valiente y una mentalidad perseverante. Aprendió los conceptos que lo ayudarían a convertirse en un verdadero emprendedor y a superar los desafíos que se presentaran en su camino.

A medida que José comenzó a liderar su propio negocio, la figura de liderazgo de su madre seguía inspirándolo. Recordaba sus consejos sobre el **Liderazgo Efectivo** y cómo influir positivamente en las personas para lograr resultados excepcionales y liderar con éxito en cualquier industria.

Pero no solo se enfocó en el aspecto profesional, sino que también trabajó en su Inteligencia Emocional. Con los conceptos clave de la **inteligencia emocional** que su madre le enseñó, José aprendió a mantener la motivación, el equilibrio emocional y a cultivar relaciones efectivas tanto en su vida empresarial como personal.

En su búsqueda constante de mejora, José buscó apoyo externo y se adentró en el poder del **Coaching Ejecutivo**. A través de esta práctica le fue más fácil alcanzar sus metas empresariales con éxito, recibiendo orientación y retroalimentación personalizada.

A medida que el negocio de José crecía, entendió la importancia de mantener una excelente relación con sus clientes. Así, se sumergió en el **Customer Relationship Management (CRM)**, aplicando lo necesario para construir relaciones sólidas y fidelizar a su base de clientes.

Finalmente, en su camino hacia una empresa exitosa, José comprendió la importancia de la **Gestión del Talento**. Con los conceptos clave para atraer, desarrollar y retener a los mejores profesionales, creó un equipo excepcional que impulsó el logro de sus objetivos empresariales.

El recuerdo y la influencia de su madre fueron constantes en el viaje emprendedor de José.

A través de su sabiduría y motivación, Rebeca no solo le motivó a adquirir los conocimientos necesarios en los distintos temas, sino que también le inculcó una mentalidad resiliente y la pasión por alcanzar el éxito en cada uno de ellos.

La historia de José es un testimonio vivo de cómo el amor, la dedicación y la orientación de una madre pueden marcar la diferencia en la vida y el camino hacia el éxito de un emprendedor.

Con esta historia en mente, iniciemos el viaje.

La Economía puede ser interesante y relevante para ti: descubre por qué con estos 7 conceptos clave

¡Hola, mamá! Hoy quiero llevarte a un viaje fascinante al mundo de la Economía. La Economía es mucho más que números y gráficos, es una ciencia social que impacta en nuestras vidas diarias, desde lo que compramos hasta cómo se maneja la política económica del país.

Quiero compartir contigo **7 de los conceptos más importantes de la Economía** que me han ayudado a entender mejor el mundo en el que vivimos.

1.	**Recursos:** En Economía, los recursos son los elementos que se utilizan para producir bienes y servicios. Pueden ser naturales o creados por el hombre y son esenciales para el crecimiento económico y el bienestar de la sociedad.

2.	**Demanda:** La demanda es la cantidad de bienes y servicios que los consumidores están dispuestos a comprar a un determinado precio. Entender la demanda es crucial para los negocios y para los gobiernos al diseñar políticas económicas que impulsen el crecimiento.

3.	**Oferta:** La oferta es la cantidad de bienes y servicios que los productores están dispuestos a vender a un determinado precio. Es fundamental para el funcionamiento del mercado y la fijación de precios.

4.	**Precio:** El precio es la cantidad de dinero que se paga por un bien o servicio. Se determina por la interacción entre la oferta y la demanda y es un indicador clave del valor que los consumidores dan a los productos y servicios.

5.	**Mercado:** El mercado es el lugar –físico o virtual– donde se lleva a cabo el intercambio de bienes y servicios entre compradores y vendedores. Los mercados pueden ser locales, nacionales o internacionales y son cruciales para la economía global.

6.	**Competencia:** La competencia es la rivalidad entre los productores para ofrecer los mejores productos y precios a los consumidores. La competencia es clave para la innovación y para mantener bajos los precios para los consumidores.

7.	**Escasez:** La escasez es una realidad inevitable en la economía, donde los recursos son limitados en comparación con las necesidades y deseos de la sociedad. Comprender la escasez nos ayuda a tomar decisiones informadas sobre cómo utilizar nuestros recursos limitados de manera más eficiente.

Entender estos conceptos nos permite comprender mejor cómo funciona la Economía y cómo podemos tomar decisiones informadas como consumidores y ciudadanos. Además, la Economía es una herramienta poderosa para mejorar la calidad de vida de las personas y reducir la pobreza. Al aprender más sobre la Economía, podemos trabajar juntos para crear una sociedad más próspera y justa para todos.

¡Únete a mí en este viaje y aprendamos juntos cómo la economía puede ayudarnos a construir un futuro mejor!

Descubre los 7 conceptos clave del Marketing que debes conocer

¡Hola, mamá! Hoy te platicaré sobre el Marketing, un tema muy importante en el mundo de los negocios y en nuestra vida cotidiana. El Marketing se define como el proceso de planear y ejecutar la concepción, precio, promoción y distribución de ideas, bienes y servicios para crear intercambios que satisfagan las necesidades y deseos de los consumidores.

Aquí te presento 7 de los conceptos más importantes del marketing:

1. **Segmentación de mercado:** El primer paso en el Marketing es identificar a los diferentes grupos de consumidores que tienen necesidades y deseos similares. A esto se le llama segmentación de mercado. Los consumidores pueden ser segmentados por edad, género, ingresos, ubicación geográfica, preferencias, gustos, motivaciones, etc.

2. **Posicionamiento:** Una vez identificados los diferentes grupos de consumidores, la empresa debe decidir cómo quiere que su producto o servicio sea percibido por ellos. A esto se le llama posicionamiento. El posicionamiento implica crear una imagen única para el producto o servicio en la mente del consumidor.

3. **Marketing mix:** El Marketing mix se refiere a las cuatro herramientas que una empresa utiliza para influir en la demanda de su producto o servicio. Estas herramientas son el **Producto, el Precio, la Promoción y la Distribución (Punto o plaza) –También se le conoce como las 4P del Marketing).** La empresa debe diseñar un Marketing mix adecuado para alcanzar sus objetivos de negocio.

4. **Investigación de mercado:** La investigación de mercado es una herramienta importante para obtener información sobre los consumidores y sus necesidades. La investigación de mercado puede

incluir encuestas, grupos focales, entrevistas, análisis de datos y otras técnicas.

5. **Comportamiento del consumidor:** El comportamiento del consumidor se refiere a cómo los consumidores toman decisiones de compra. Los factores que influyen en el comportamiento del consumidor incluyen la motivación, la percepción, la personalidad, la cultura y otros factores psicológicos.

6. **Marca:** La marca es el nombre, término, signo, símbolo o diseño que identifica los productos o servicios de una empresa. Las marcas pueden ser muy valiosas y deben ser cuidadosamente gestionadas y protegidas.

7. **Marketing digital:** El marketing digital se refiere al uso de canales digitales como Internet, las redes sociales y los dispositivos móviles para promocionar productos y servicios. El marketing digital es cada vez más importante en el mundo de los negocios, ya que permite a las empresas llegar a una audiencia más amplia y diversa.

Espero que esta explicación te haya ayudado a entender mejor qué es el Marketing y por qué es tan importante. El Marketing es fundamental para cualquier empresa que quiera tener éxito en el mercado, ya que permite entender las necesidades y deseos de sus consumidores y diseñar estrategias efectivas para satisfacerlos.

¡Vamos a seguir aprendiendo más sobre este interesante tema!

Marketing Digital: la clave para llegar a una audiencia diversa y amplia

¡Hola de nuevo, mamá! Hoy quiero compartir contigo algunos de los **conceptos clave del Marketing Digital**, un tema que es fundamental en el mundo de los negocios en la era digital en la que vivimos.

Si bien es cierto que **el Marketing Digital se define como la promoción de productos y servicios utilizando canales digitales como Internet, las redes sociales y los dispositivos móviles,** existen algunos conceptos que son especialmente importantes y que quiero compartir contigo:

1. **Redes sociales:** Las redes sociales son una herramienta importante en el marketing digital. Las empresas utilizar diferentes plataformas de redes sociales como LinkedIn, Facebook, Instagram o Tik-Tok para llegar a su público objetivo, crear relaciones más cercanas con ellos y aumentar el reconocimiento de su marca.

2. **SEO:** El SEO (optimización para motores de búsqueda) **es una técnica** utilizada para encontrar más fácilmente un sitio web en Google y otros motores de búsqueda. Las empresas utilizan diferentes técnicas de SEO **para aumentar la visibilidad de su sitio web y atraer más tráfico sin tener que pagar por ello.**

3. **Publicidad en línea:** La publicidad en línea **es una forma de promocionar productos y servicios en línea a través de anuncios pagados** en diferentes plataformas, como Google, LinkedIn, Facebook, Instagram y YouTube. **Las empresas utilizan diferentes estrategias de publicidad en línea para llegar a los clientes que les interesan de una manera más efectiva.**

4. **Marketing de contenido:** El Marketing de contenido implica crear contenido relevante y valioso para el público objetivo de una empresa, como artículos de blog, videos, infografías, entre otros. El Marketing de contenido **es una forma efectiva de atraer a nuevos clientes y fomentar relaciones más cercanas con los existentes.**

5. **Email marketing:** El email marketing consiste en enviar correos electrónicos personalizados a los clientes y prospectos de una empresa. Es una forma muy efectiva de mantenerse en contacto con tus clientes y fomentar relaciones más cercanas con ellos.

6. **Analítica web: La analítica web es el proceso de recolectar y analizar datos de tráfico a tu página web y del comportamiento del usuario en ella.** Las empresas utilizan diferentes herramientas de analítica web para comprender mejor cómo los usuarios interactúan con su sitio web y tomar decisiones informadas sobre cómo mejorarlo.

7. **Mobile marketing: El Mobile marketing es una técnica que se enfoca en llegar a los usuarios a través de sus smartphones y tablets.** Las empresas utilizan diferentes estrategias de Mobile marketing para llegar a su público objetivo de manera más efectiva.

Espero que esta breve explicación te haya ayudado a entender mejor qué es el marketing digital y por qué es tan importante en la era digital en la que vivimos.

El marketing digital es fundamental para cualquier empresa que quiera tener éxito en el mercado actual, ya que permite llegar a una audiencia más amplia y diversa utilizando diferentes canales digitales.

Descubre los 7 conceptos clave del SEO para mejorar tu presencia digital

Querida mamá,

Hoy quiero hablarte sobre un tema muy importante en el mundo digital: el SEO. Quiero explicarte de una manera profesional, convincente y motivante, los 7 conceptos más importantes que debes saber sobre SEO para que entiendas mejor su funcionamiento.

1. **¿Qué es el SEO? SEO es la abreviatura de Search Engine Optimization**, es decir, la optimización para motores de búsqueda. Se trata de un conjunto de técnicas que se aplican en una página web con el fin que sean más fácilmente encontradas en los resultados de los motores de búsqueda sin que tengas que pagar publicidad.

2. **¿Por qué es importante el SEO?** El SEO es importante porque los motores de búsqueda como Google son la principal fuente de tráfico para las páginas web. Si tu sitio web no aparece en los primeros resultados de búsqueda, es probable que no recibas visitas.

3. **¿Cómo funcionan los motores de búsqueda?** Los motores de búsqueda utilizan algoritmos para clasificar el contenido de una página web. Estos algoritmos tienen en cuenta una gran cantidad de factores, como la relevancia del contenido, la calidad de los enlaces y la experiencia del usuario.

4. **¿Qué son las palabras clave?** Las palabras clave son las palabras o frases que los usuarios utilizan en los motores de búsqueda para buscar información. Es importante que las páginas web estén alineadas (optimizadas) para las palabras clave relevantes de su sector.

5. **¿Qué es el contenido de calidad?** El contenido de calidad es el que satisface las necesidades de los usuarios y responde a sus preguntas y solucione sus problemáticas. Es importante que el contenido de una página web sea útil, relevante y esté actualizado.

6. **¿Qué son los enlaces entrantes?** Los enlaces entrantes son los enlaces que llevan a una página web desde otros sitios web. Es

importante tener en cuenta la calidad de los enlaces entrantes, ya que los motores de búsqueda los utilizan como un factor importante en la clasificación de las páginas web.

7. **¿Qué es la experiencia del usuario?** La experiencia del usuario se refiere a la facilidad de uso y la accesibilidad de una página web. Los motores de búsqueda consideran la experiencia del usuario como un factor importante en la clasificación de las páginas web.

Espero que estos conceptos te hayan ayudado a entender mejor el SEO y su importancia en el mundo digital. Me dará mucho gusto responder tus dudas.

La Calidad es la clave: Descubre por qué es importante en cualquier producto o servicio. 7 conceptos que debes saber.

Hola de nuevo, mamá: Permíteme explicarte qué es la calidad y por qué es importante en cualquier producto o servicio.

Aquí están los que para mí son los 7 conceptos más importantes del tema:

1. **Definición de calidad:** La calidad se refiere a la medida en que un producto o servicio cumple o supera las expectativas del cliente. La calidad también puede incluir la fiabilidad, el rendimiento, la durabilidad y otros aspectos que son importantes para el cliente.

2. **Importancia de la calidad:** La calidad es importante porque afecta directamente la satisfacción del cliente y la reputación de la empresa. Si un producto o servicio no cumple con las expectativas del cliente, es probable que no lo compren de nuevo y que hablen mal de la empresa que se los proporcionó.

3. **Control de calidad:** El control de calidad es el proceso de garantizar que un producto o servicio cumpla con los estándares de calidad establecidos. Esto Incluye la inspección visual, pruebas de rendimiento, evaluaciones de satisfacción del cliente y otras medidas para asegurar que el producto o servicio sea de alta calidad.

4. **Mejora continua:** La mejora continua es el proceso de buscar constantemente formas de mejorar la calidad de los productos o servicio. Implica la implementación de nuevas tecnologías, la capacitación de los empleados y la implementación de nuevas prácticas empresariales.

5. **Certificación de calidad:** La certificación de calidad es un proceso en el que una empresa obtiene una acreditación de una organización independiente que verifica que su sistema de gestión de la calidad

cumple con los estándares establecidos. Ejemplos de certificaciones incluyen ISO 9001 o Six-Sigma.

6. **Costo de calidad:** El costo de calidad se refiere a los costos asociados con la garantía de calidad, como la inspección, las pruebas y el control de calidad. Si bien estos costos pueden aumentar el precio de los productos o servicios, también pueden reducir el costo total a largo plazo al reducir el número de devoluciones, reparaciones y reclamos de los Clientes.

7. **Cultura de calidad:** Una cultura de calidad es un enfoque empresarial que pone el énfasis en la calidad en todos los aspectos de la empresa. Esto incluye la capacitación de los empleados, el establecimiento de procesos de mejora continua y la implementación de prácticas empresariales que fomenten la calidad.

Espero que estos conceptos hayan aclarado tu comprensión de lo qué es la calidad y por qué es importante en los productos y servicios que utilizamos.

Me encantará contestar tus preguntas sobre el tema.

El enfoque en el cliente y otros 7 conceptos importantes de Six-Sigma

Estimada mamá,

Hoy quiero explicarte un tema muy interesante y útil para mejorar la calidad de los procesos empresariales: Six-Sigma. **Six-Sigma es un enfoque metodológico para mejorar la calidad de los procesos de una empresa y reducir la variabilidad en los mismos.**

Aquí te presento los 7 conceptos más importantes del Six-Sigma:

1. **Enfoque en el cliente:** Six-Sigma se centra en la satisfacción del cliente, asegurando que los procesos de la empresa generen productos y servicios que cumplan con sus necesidades y expectativas.

2. **Reducción de variabilidad:** Six-Sigma busca reducir la variabilidad en los procesos, lo que significa que se buscan formas de hacer que el proceso produzca resultados más consistentes y predecibles.

3. **Medición y análisis:** Six-Sigma utiliza herramientas y técnicas estadísticas para medir y analizar los procesos, lo que permite identificar problemas y oportunidades de mejora.

4. **Mejora continua:** Six-Sigma se enfoca en la mejora continua, lo que significa que siempre se busca la forma de mejorar los procesos y reducir los errores.

5. **Definición clara de objetivos:** Six-Sigma se basa en objetivos concretos y medibles que se definen en función de las necesidades del cliente y los procesos de la empresa.

6. **Participación de los empleados:** Six-Sigma involucra a los empleados en los procesos de mejora y les da las herramientas necesarias para identificar y solucionar problemas.

7. **Liderazgo:** Six-Sigma requiere un fuerte liderazgo para impulsar la mejora continua y el compromiso de todos los empleados en la cultura de calidad.

La aplicación de estos siete conceptos puede marcar la diferencia entre una empresa que simplemente existe y una empresa que destaca por la calidad y la satisfacción del cliente.

Recuerda que la mejora continua es fundamental para el éxito a largo plazo, y Six Sigma es una herramienta poderosa que puede ayudar a cualquier empresa a alcanzar sus objetivos y a destacar en el mercado.

Gracias por tomarte el tiempo de leer esto y espero que te haya resultado útil e inspirador. Siempre estoy aquí para responder tus preguntas y ayudarte en lo que necesites.

La importancia de la norma ISO-9001 en la gestión empresarial

Querida mamá,

Hoy hablaremos sobre un tema muy importante en el mundo empresarial: **ISO-9001. La norma ISO-9001 es un conjunto de estándares internacionales que establecen los requisitos para un sistema de gestión de calidad efectivo y eficiente. Es decir, proporciona una guía para que las empresas puedan mejorar la calidad de sus productos y servicios y asegurar la satisfacción del cliente.**

A continuación, te explicaré los 7 conceptos más importantes que debes conocer sobre ISO-9001:

1. **Sistema de gestión de calidad:** Se refiere a la estructura organizativa, políticas, procesos y recursos necesarios para implementar la norma ISO-9001 en la empresa.

2. **Enfoque al cliente:** La norma ISO-9001 se enfoca en satisfacer las necesidades y expectativas de los clientes. Esto implica establecer un sistema de retroalimentación y mejorar continuamente los productos y servicios ofrecidos.

3. **Liderazgo:** La alta dirección de la empresa debe liderar la implementación del sistema de gestión de calidad y garantizar su éxito a largo plazo.

4. **Participación del personal:** Todos los miembros de la empresa deben estar involucrados en el proceso de mejora continua de la calidad.

5. **Enfoque basado en procesos:** La norma ISO-9001 promueve el enfoque en procesos, lo que significa que las empresas deben entender y controlar los procesos que afectan la calidad de sus productos y servicios.

6. **Mejora continua:** Las empresas deben buscar siempre la mejora continua de la calidad de sus productos y servicios, a través de la

identificación y eliminación de las causas de los problemas y la optimización de los procesos.

7. **Enfoque en la gestión de riesgos:** ISO-9001 requiere que la empresa identifique y gestione los riesgos asociados con sus procesos y productos.

ISO-9001 es un sistema de gestión de calidad muy efectivo que puede ayudar a las empresas a mejorar su eficiencia, reducir costos y aumentar la satisfacción del cliente.

Espero que esta explicación te haya resultado clara e interesante. Si tienes alguna duda o pregunta, no dudes en hacérmela saber.

La importancia de la Experiencia del Cliente en el éxito de cualquier negocio

Estimada mamá,

Hoy quiero hablarte sobre un tema que es fundamental para cualquier negocio que busca ofrecer un servicio excepcional a sus clientes: el Customer Experience o Experiencia del Cliente.

Aquí están los 7 conceptos clave que necesitas conocer:

1. **¿Qué es la Experiencia del Cliente?** Es el conjunto de interacciones y emociones que experimenta un cliente al interactuar con una empresa a lo largo de su ciclo de vida. Incluye la calidad del servicio, la facilidad de uso de los productos y servicios, la atención al cliente y la relación con la marca.

2. **¿Por qué es importante la Experiencia del Cliente?** La Experiencia del Cliente es fundamental para la lealtad y retención del cliente, la generación de recomendaciones y referencias, y el aumento de la satisfacción y el valor del cliente.

3. **¿Cómo se puede mejorar la Experiencia del Cliente?** Se puede mejorar la Experiencia del Cliente a través de una estrategia enfocada en el cliente que tenga en cuenta sus necesidades y deseos, y que se adapte a los diferentes puntos de contacto con la empresa durante el ciclo de vida del cliente.

4. **¿Qué papel juegan los empleados en la Experiencia del Cliente?** Los empleados son la clave para ofrecer una experiencia excepcional al cliente. Es importante capacitarlos y motivarlos para que puedan ofrecer un servicio de calidad y se conviertan en embajadores de la marca.

5. **¿Cómo se mide la Experiencia del Cliente?** Se puede medir a través de encuestas de satisfacción, análisis de datos y comentarios de los clientes en las redes sociales y otros canales de retroalimentación.

6. ¿Qué es el Customer Journey Map o Mapa de Experiencia del Cliente? Es una herramienta que permite visualizar y comprender el ciclo de vida del cliente, identificar los puntos críticos de interacción con la empresa y diseñar soluciones para mejorar la Experiencia del Cliente.

7. ¿Qué impacto tiene la Experiencia del Cliente en un negocio? La Experiencia del Cliente puede tener un impacto significativo en el éxito de un negocio, incluyendo el aumento de la lealtad y retención del cliente, la reducción de costos y el aumento de las ganancias y la participación de mercado.

Espero que esta información haya sido útil para ti y que puedas apreciar aún más la importancia de ofrecer una excelente Experiencia del Cliente en cualquier negocio. Si tienes alguna otra pregunta, ¡no dudes en preguntarme!

Con cariño, Tu hijo.

¿Quieres mejorar la experiencia del cliente? Aprende sobre el Net
Promoter Score

¡Hola, Mamá! ¿Alguna vez has escuchado del Net Promoter Score? Es un tema muy importante en los negocios de hoy. Estoy aquí para ayudarte a entender qué es el NPS y cómo funciona.

Aquí 7 puntos clave para comprender el tema.

1.   **¿Qué es el NPS?** El NPS (Net Promoter Score) es una métrica que se utiliza para medir la lealtad de los clientes hacia una empresa o marca. Se trata de una encuesta que pregunta a los clientes qué tan probable es que recomienden la empresa o marca a sus amigos o familiares en una escala del 0 al 10.

2.   **¿Cómo se calcula el NPS?** El NPS se calcula restando el porcentaje de clientes detractores (que han dado una puntuación del 0 al 6) al porcentaje de clientes promotores (que han dado una puntuación del 9 al 10).

3.   **¿Para qué sirve el NPS?** El NPS es una herramienta muy útil para medir la satisfacción y fidelidad de los clientes hacia una empresa o marca. Además, permite identificar los puntos débiles en la experiencia del cliente y tomar medidas para mejorarla.

4.   **¿Cómo se puede mejorar el NPS?** Para mejorar el NPS, es necesario escuchar a los clientes y actuar en consecuencia. Esto implica identificar los problemas que puedan tener y solucionarlos de manera efectiva, así como también mejorar la calidad del servicio o producto que se ofrece.

5.   **¿Qué significa cada puntuación del NPS?** Las puntuaciones del NPS se dividen en tres categorías: promotores (puntuaciones de 9 o 10), pasivos (puntuaciones de 7 u 8) y detractores (puntuaciones de 0 a 6). Los promotores son los clientes más leales y comprometidos, mientras que los detractores son los menos leales y más propensos a dejar de utilizar el producto o servicio.

6.   **¿Qué ventajas tiene el NPS?** El NPS permite medir la satisfacción de los clientes de manera sencilla y objetiva. Además, es

fácil de entender y comparar con otras empresas o marcas del mismo sector, lo que lo convierte en una herramienta muy útil para mejorar la competitividad.

7.   **¿Cómo se puede implementar el NPS en una empresa?** Para implementar el NPS en una empresa, es necesario diseñar una encuesta y enviarla a los clientes para conocer su opinión. Una vez obtenidos los resultados, se pueden analizar para identificar los puntos débiles en la experiencia del cliente y tomar medidas para mejorarla. Es importante recordar que la implementación del NPS debe ser una estrategia a largo plazo y no una solución rápida para mejorar la satisfacción de los clientes.

Ahora sabes qué es el NPS y cómo funciona. Implementar esta herramienta en las empresas les permite identificar los puntos débiles en la experiencia del cliente y tomar medidas para mejorarla, lo que a su vez mejorará la lealtad de sus clientes y aumentará su competitividad en el mercado.

La implementación del NPS debe ser una estrategia a largo plazo, por lo que escuchar a los clientes y actuar en consecuencia es clave para alcanzar el éxito.

¿Quieres mejorar la calidad del trabajo y la satisfacción del cliente?
Conoce las metodologías Agile

Querida mamá,

Hoy te platicaré sobre un tema muy interesante que está revolucionando la forma en que las empresas desarrollan sus proyectos: las metodologías Agile. Quiero explicarte los 7 conceptos más importantes que necesita saber sobre esta metodología, para que puedas comprender mejor cómo funciona y por qué es tan importante en el mundo de los negocios.

1.   **¿Qué son las metodologías Agile?** Las metodologías Agile son un enfoque de gestión de proyectos que se centra en la entrega iterativa e incremental del trabajo, en lugar de en una planificación detallada al principio del proyecto. Es un proceso iterativo que se adapta a los cambios, fomenta la colaboración entre equipos y mejora la satisfacción del cliente.

2.   **Orígenes de las metodologías Agile.** Las metodologías Agile se originaron en el mundo del desarrollo de software en respuesta a las limitaciones de las metodologías tradicionales como el modelo de cascada. Su primera formulación formal fue el Manifiesto Ágil en 2001, que estableció los valores y principios fundamentales del enfoque Agile.

3.   **Principios del Manifiesto Ágil.** Los principios del Manifiesto Ágil son la base de cualquier proyecto Agile y se centran en cuatro valores fundamentales: **el individuo y las interacciones, el software funcional, la colaboración con el cliente y la respuesta al cambio.** Además, los principios **también incluyen la importancia de la simplicidad, la autoorganización, la entrega frecuente y la mejora continua.**

4.   **La importancia de los equipos multidisciplinarios.** Los equipos Agile son multidisciplinarios y autónomos. El objetivo es tener un grupo de personas con habilidades complementarias y diferentes perspectivas trabajando juntas de manera colaborativa. Se espera que los equipos trabajen juntos y se ayuden mutuamente, de modo que la calidad del trabajo sea mayor.

5.   **Cómo se ejecutan los proyectos Agile.** Los proyectos Agile se ejecutan en **Sprints o iteraciones que duran entre una y cuatro semanas. Cada Sprint se compone de planeación, diseño, implementación y revisión.** El objetivo es tener entregas frecuentes y garantizar la calidad de estas entregas.

6.   **Las herramientas Agile**. Existen varias herramientas para gestionar proyectos Agile, como las pizarras Kanban, que muestran el progreso del proyecto en tiempo real y permiten a los miembros del equipo visualizar el trabajo pendiente, en progreso y completado. También existen herramientas de software especializadas en la gestión de proyectos Agile, como Jira y Trello.

7.   **Beneficios de las metodologías Agile.** La metodología Agile **tiene muchos beneficios, incluyendo una mayor satisfacción del cliente, un mayor compromiso del equipo, un mejor uso del tiempo y los recursos y una mayor adaptabilidad a los cambios en el entorno del proyecto.** Además, las metodologías Agile **son altamente colaborativas y fomentan la creatividad y la innovación.**

Espero que esta explicación te haya resultado útil y te haya ayudado a comprender mejor el mundo de las metodologías Agile. Si tienes alguna pregunta, no dudes en hacerla.

¿Quieres mejorar la eficiencia de tus proyectos? Conoce la metodología SCRUM

Estimada mamá,

En el mundo actual, las empresas y organizaciones buscan constantemente mejorar su eficiencia y efectividad en la gestión de proyectos. Una de las metodologías más populares para lograr este objetivo es SCRUM.

SCRUM es una metodología ágil de gestión de proyectos que se enfoca en el trabajo en equipo, la colaboración y la entrega de resultados de forma rápida y eficiente. Aquí te presento los 7 conceptos más importantes de SCRUM:

1.   **Roles: SCRUM se divide en tres roles principales: el Product Owner, el Scrum Master y el Equipo de Desarrollo.** El Product Owner es responsable de definir los objetivos del proyecto y priorizar las tareas. El Scrum Master es el encargado de asegurar que el equipo siga las reglas de SCRUM. El Equipo de Desarrollo es el grupo de personas que lleva a cabo el trabajo del proyecto.

2.   **Sprint: El Sprint es el corazón de SCRUM. Es un período de tiempo fijo en el que el Equipo de Desarrollo trabaja en tareas específicas del Backlog del Sprint con el objetivo de entregar un Incremento del Producto funcional.**

3.   **Eventos:** SCRUM utiliza eventos regulares para mantener el ritmo del proyecto y mantener la comunicación entre los miembros del equipo. **Estos eventos incluyen la reunión diaria de SCRUM, la planificación del Sprint, la revisión del Sprint y la retrospectiva del Sprint.**

4.   **Artefactos:** Los artefactos de SCRUM son los elementos utilizados para llevar a cabo el trabajo del proyecto. **Estos artefactos incluyen el Backlog del Producto, el Backlog del Sprint y el Incremento del Producto.**

5.   **Backlog del Producto: Es una lista de todas las funcionalidades, características y mejoras que se desean para el producto final.** El

Product Owner es el responsable de priorizar estas funcionalidades y asegurar que el equipo esté trabajando en las tareas más importantes.

6.   **Backlog del Sprint: Es una lista de las tareas que el Equipo de Desarrollo debe completar durante el Sprint.** El equipo debe asegurarse de que estas tareas sean alcanzables y estén relacionadas con los objetivos del Sprint.

7.   **Incremento del Producto:** Es el resultado tangible del Sprint. Es una versión funcional del producto que se puede probar y utilizar.

SCRUM es una metodología de gestión de proyectos muy popular que se enfoca en la colaboración, la entrega rápida de resultados y la mejora continua. Con SCRUM, los equipos pueden trabajar juntos de manera más efectiva y entregar productos de alta calidad de manera más eficiente.

Espero que esto haya sido útil y claro para ti. Si quieres, podemos seguir profundizando en este tema que me apasiona.

Aprende los 7 conceptos clave del Design Thinking y mejora tu enfoque de resolución de problemas

Estimada mamá,

Hoy quiero hablarte sobre una metodología innovadora que se utiliza cada vez más en empresas y organizaciones para resolver problemas y mejorar productos y servicios. Esta metodología se llama Design Thinking y su objetivo es ayudar a las empresas a diseñar soluciones más efectivas y centradas en las necesidades de los usuarios.

Aquí están los 7 conceptos clave que debes saber sobre el Design Thinking:

1.   **Enfoque centrado en el usuario:** El Design Thinking se enfoca en las necesidades y experiencias del usuario. Esto significa que el proceso de diseño comienza con el entendimiento profundo de quién es el usuario y cuáles son sus necesidades, deseos y comportamientos.

2.   **Proceso iterativo:** El Design Thinking implica un proceso iterativo que involucra múltiples etapas, como la investigación, la ideación, la prototipación y la prueba. En cada etapa, se recopila información y se generan soluciones, y luego se vuelven a evaluar y ajustar.

3.   **Trabajo en equipo:** El Design Thinking es un enfoque colaborativo que involucra a personas de diferentes disciplinas y perspectivas en el proceso de diseño. Esto ayuda a generar soluciones más creativas y efectivas.

4.   **Empatía:** La empatía es un elemento clave del Design Thinking. El proceso de diseño comienza con la comprensión empática de los usuarios, lo que significa ponerse en sus zapatos y entender sus necesidades y desafíos.

5.   **Prototipado:** El prototipado es una parte importante del proceso de diseño. Implica la creación de prototipos rápidos y de bajo costo para probar soluciones y obtener comentarios de los usuarios.

6.   **Pensamiento lateral:** El Design Thinking fomenta el pensamiento lateral y la exploración creativa de soluciones no convencionales. Esto ayuda a generar ideas innovadoras que pueden no haber sido consideradas en un enfoque tradicional de resolución de problemas.

7.   **Experimentación:** El Design Thinking fomenta la experimentación y el aprendizaje a través de la prueba y error. Este enfoque permite a las empresas probar soluciones rápidamente y aprender de los resultados.

Espero que esta breve explicación te haya ayudado a comprender mejor qué es el Design Thinking y cómo puede ayudar a las empresas a crear soluciones efectivas y centradas en el usuario.

7 conceptos clave para mejorar tus finanzas personales y cumplir tus metas financieras

¡Hola, Mamá! Me alegra poder ayudarte a comprender qué son las finanzas personales.

Las finanzas personales son el arte de administrar el dinero de manera efectiva y responsable para poder cumplir con nuestros objetivos financieros y mejorar nuestra calidad de vida.

A continuación, te explico los siete conceptos más importantes que debes conocer para poder mejorar tus finanzas personales:

1.	**Presupuesto:** Un presupuesto es un plan que establece cuánto dinero ganamos y cómo lo gastamos. Es la base de cualquier planeación financiera exitosa y nos permite tener una idea clara de nuestros ingresos, gastos y ahorros.

2.	**Ahorro:** Ahorrar es una parte importante de las finanzas personales. Es la práctica de separar una parte de nuestros ingresos para cumplir con nuestros objetivos financieros a largo plazo, como la compra de una casa, la educación de los hijos o la jubilación.

3.	**Deuda:** La deuda es una herramienta financiera que nos permite comprar cosas que no podríamos pagar de otra manera. Sin embargo, es importante ser conscientes de nuestras deudas y manejarlas de manera efectiva para evitar cargas financieras innecesarias.

4.	**Inversión:** Las inversiones son una forma de hacer crecer nuestro dinero a largo y mediano plazo. Hay muchas formas de invertir, como acciones, bonos, bienes raíces, entre otros. Es importante entender el riesgo de cada tipo de inversión antes de invertir.

5.	**Seguros:** Los seguros son una forma de proteger nuestro patrimonio y nuestra calidad de vida en caso de una emergencia o accidente. Algunos tipos comunes de seguros incluyen seguros de vida, seguros de salud, seguros de automóvil y seguros de hogar.

6.   **Planeación para la jubilación:** La planeación para la jubilación es importante para asegurar que podamos mantener nuestro nivel de vida en la vejez. Es importante empezar a planear la jubilación tan pronto como sea posible, para ahorrar lo suficiente para poder vivir cómodamente en la vejez.

7.   **Educación financiera:** La educación financiera es clave para tomar decisiones financieras informadas y eficaces. Es importante aprender sobre finanzas personales y estar al tanto de los cambios en el mercado y las tendencias financieras para poder tomar decisiones informadas sobre nuestro dinero.

Espero que esta explicación haya sido útil y que hayas aprendido más sobre finanzas personales. Recuerda que administrar tu dinero de manera efectiva te permitirá cumplir tus objetivos financieros y mejorar tu calidad de vida.

Finanzas Corporativas: la herramienta para entender y mejorar la salud
financiera de tu empresa

¡Hola, Mamá! Las Finanzas Corporativas, son un tema que me complace ayudar a explicar.

Las Finanzas Corporativas son un área de las finanzas que se centra en el análisis financiero de las empresas y en cómo maximizar su valor a largo plazo. En otras palabras, se trata de cómo las empresas manejan sus recursos financieros para tomar decisiones estratégicas y mejorar su rendimiento.

Aquí están los 7 conceptos más importantes en Finanzas Corporativas que espero que sean útiles para entender mejor este tema:

1.   **Valor de la Empresa:** Es el valor total de la empresa y se calcula sumando la cantidad de capital invertido más el valor presente de los flujos de efectivo futuros. Los analistas financieros utilizan el **Valor de la Empresa** para evaluar la salud financiera de la misma.

2.   **Análisis de estados financieros:** El análisis de estados financieros es una herramienta que los analistas financieros utilizan para evaluar la salud financiera de una empresa. Implica examinar los estados financieros de una empresa, incluyendo el balance general, el estado de resultados y el estado de flujo de efectivo, para determinar la capacidad de la empresa para generar beneficios y flujos de efectivo para su operación y la utilidad para sus accionistas.

3.   **Gestión del riesgo:** La gestión del riesgo es un proceso mediante el cual las empresas identifican, analizan y gestionan los diferentes riesgos financieros que enfrentan. Esto incluye el riesgo de crédito, el riesgo de mercado y el riesgo operativo, entre otros.

4.   **Financiamiento empresarial:** Las empresas pueden financiarse a través de deuda o de capital. El financiamiento de deuda implica tomar prestado dinero, mientras que el financiamiento de capital implica la venta de acciones. Las empresas deben tomar decisiones financieras estratégicas sobre cómo financiarse y cuánto, teniendo en cuenta los costos y beneficios asociados con cada opción.

5.	**Presupuesto y Planeación Financiera:** La Planeación Financiera es un proceso que implica establecer objetivos financieros a largo plazo y desarrollar un plan para alcanzarlos. El presupuesto es una herramienta importante en la planeación financiera y se utiliza para controlar y asignar los recursos financieros de la empresa.

6.	**Gestión del flujo de efectivo:** Implica monitorear y gestionar los flujos de efectivo entrantes y salientes de una empresa. Esto es importante para asegurar que la empresa tenga suficiente efectivo disponible para pagar sus deudas y financiar sus operaciones.

7.	**Valuación de empresas:** La valuación de empresas es el proceso de determinar el valor de una empresa utilizando diversas herramientas y técnicas de análisis financiero. Los analistas financieros utilizan la valuación de empresas para determinar si una empresa está subvalorada o sobrevalorada en el mercado.

Espero que estos conceptos te hayan ayudado a entender mejor el mundo de las finanzas corporativas y cómo las empresas toman decisiones financieras estratégicas para maximizar su valor a largo plazo.

Tomar decisiones financieras informadas puede ser una parte importante de lograr la estabilidad financiera y el éxito empresarial.

¿Qué es la Estrategia Empresarial? Conceptos básicos para entenderla y aplicarla

Estimada mamá,

Hoy te explicaré sobre un tema muy importante para las empresas: la Estrategia Empresarial. En términos simples, la Estrategia Empresarial es el plan de acción que una empresa utiliza para alcanzar sus objetivos a largo plazo. Es como un mapa que indica el camino a seguir para lograr el éxito.

A continuación, te presento los 7 conceptos más importantes de la Estrategia Empresarial que debes conocer:

1.   **Misión: La Misión de una empresa es su propósito fundamental. Define la razón de ser de la empresa, sus valores y principios, y su contribución a la sociedad. Es la base sobre la cual se construye la estrategia empresarial.**

2.   **Visión:** La visión es la imagen del futuro deseado por la empresa. Es un objetivo a largo plazo que se quiere alcanzar y sirve de inspiración para la toma de decisiones.

3.   **Análisis de la situación:** Antes de diseñar la estrategia empresarial, es importante realizar un análisis de la situación. Esto implica evaluar el entorno, la competencia, las fortalezas y debilidades de la empresa, y los recursos disponibles.

4.   **Objetivos:** Son metas específicas que se quieren alcanzar en un período de tiempo determinado. La Estrategia Empresarial debe definir objetivos claros y realistas, y establecer planes para alcanzarlos.

5.   **Estrategias:** Las Estrategias son las acciones que se llevarán a cabo para alcanzar los objetivos. Deben ser coherentes con la misión y la visión de la empresa, y tener en cuenta los recursos y capacidades disponibles.

6.   **Implementación:** La Implementación de la Estrategia es clave para el éxito empresarial. Se requiere un plan de acción detallado y una adecuada asignación de recursos para ejecutar la estrategia de manera efectiva.

7.   **Evaluación y control:** La Evaluación y el Control son necesarios para asegurar que la estrategia se esté llevando a cabo de manera adecuada y que se estén alcanzando los objetivos establecidos. La retroalimentación es clave para hacer ajustes necesarios y mejorar continuamente.

Espero que esta explicación te haya resultado clara y útil para entender la importancia de la Estrategia Empresarial en el mundo de los negocios.

Recuerda que la estrategia empresarial es un tema complejo y puede variar dependiendo del tipo de empresa y del sector en el que se encuentra. Pero estos conceptos básicos te darán una buena base para empezar a comprender mejor este importante tema.

El emprendedurismo es más que crear un negocio, es una actitud. Aprende los 7 conceptos que te ayudarán a ser un verdadero emprendedor

Estimada mamá, el emprendedurismo es un término que se refiere a la capacidad de las personas para crear y dirigir una empresa o negocio. En otras palabras, es la actitud y habilidad de emprender un proyecto propio.

Aquí te presento los 7 conceptos más importantes del emprendedurismo que te ayudarán a entender mejor el tema:

1.   **Innovación:** Una de las principales características del emprendedor es la capacidad de innovar, es decir, encontrar nuevas soluciones o ideas que puedan resolver problemas o necesidades en el mercado.

2.   **Creatividad:** Los emprendedores tienen la capacidad de crear algo nuevo y diferente que pueda destacar en un mercado competitivo.

3.   **Visión:** Tener una visión clara del negocio es fundamental para cualquier emprendedor. Es importante tener una idea clara de lo que se quiere lograr y hacia dónde se quiere llevar la empresa a largo plazo.

4.   **Resiliencia:** Los emprendedores deben ser resistentes y perseverantes en momentos difíciles. La resiliencia es la capacidad de superar obstáculos y adaptarse a los cambios en el mercado.

5.   **Liderazgo:** Los emprendedores deben ser líderes y tener la capacidad de dirigir un equipo de trabajo, tomar decisiones y delegar responsabilidades.

6.   **Planeación:** La Planeación es clave para cualquier emprendedor. Es importante tener un plan de negocios detallado que incluya estrategias para el crecimiento y la gestión financiera.

7.   **Pasión:** Finalmente, el emprendedor debe tener una gran pasión por lo que hace. El emprendedurismo requiere una gran dedicación y esfuerzo, y sólo aquellos que aman lo que hacen pueden perseverar a través de las dificultades.

Espero que estos conceptos te hayan ayudado a entender mejor qué es el emprendedurismo y por qué es una habilidad importante en el mundo de los negocios.

Te quiero mamá y te extraño...

El liderazgo efectivo: Cómo liderar con éxito en cualquier industria. 7conceptos Clave

Querida mamá,

Hoy quiero hablarte sobre un tema muy importante en el mundo empresarial y personal: el **Liderazgo Efectivo**. Como sabes, liderar con éxito en cualquier industria requiere de habilidades específicas que no todos los líderes poseen naturalmente. Sin embargo, a través del aprendizaje y la práctica, es posible desarrollarlas y convertirse en un líder efectivo.

Aquí te presento los 7 conceptos más importantes del Liderazgo Efectivo:

1.   **Visión:** Un líder efectivo tiene una visión clara de hacia dónde quiere llevar a su equipo o empresa. Esta visión debe ser inspiradora y motivante para que los miembros del equipo se sientan comprometidos a trabajar juntos para alcanzarla.

2.   **Comunicación:** La comunicación efectiva es esencial para un liderazgo exitoso. Un líder debe ser claro y preciso en sus instrucciones y retroalimentación. Debe escuchar activamente a los miembros del equipo y responder adecuadamente a sus necesidades.

3.   **Delegación:** Un líder efectivo debe ser capaz de delegar responsabilidades y empoderar a los miembros de su equipo para que tomen decisiones y contribuyan activamente al éxito del proyecto o empresa.

4.   **Toma de decisiones:** Un líder debe ser capaz de tomar decisiones rápidas y efectivas en situaciones de alta presión y riesgo. Sus decisiones deben ser bien fundamentadas y deben considerar las necesidades de la empresa en general y las de su equipo.

5.   **Motivación:** Un líder efectivo debe ser capaz de motivar y mantener el compromiso de su equipo para alcanzar los objetivos establecidos. La motivación se logra a través de recompensas, reconocimiento y creación de un ambiente de trabajo positivo y colaborativo.

6.   **Adaptabilidad:** Un líder debe ser capaz de adaptarse a los cambios y desafíos que surjan en el camino y encontrar soluciones creativas para superarlos.

7.   Integridad: Un líder efectivo debe ser un modelo a seguir en términos de ética y valores. Su comportamiento y acciones deben reflejar su compromiso con la honestidad, la transparencia y la responsabilidad social.

Espero que estos conceptos te ayuden a entender mejor lo que se requiere para liderar con éxito en cualquier industria. Recuerda que el liderazgo efectivo no es algo que se adquiere de la noche a la mañana, sino que requiere de práctica, aprendizaje y compromiso constante.

7 conceptos clave de Inteligencia Emocional para mantener la motivación y el equilibrio en el ámbito empresarial

Querida Mamá,

Hoy quiero hablarte sobre la importancia de la inteligencia emocional en el ámbito empresarial y cómo puede ayudarte a mantener la motivación y el equilibrio emocional en el trabajo. Quiero compartir contigo 7 conceptos clave para que puedas aplicarlos en tu vida profesional y personal.

1.	**¿Qué es la inteligencia emocional?** La inteligencia emocional se refiere a la capacidad de reconocer y gestionar las emociones propias y de los demás. Implica tener conciencia de las emociones, controlarlas y expresarlas adecuadamente en las situaciones que se presenten.

2.	**¿Por qué es importante la inteligencia emocional en el trabajo?** La inteligencia emocional es fundamental en el trabajo porque nos permite manejar adecuadamente las situaciones que pueden ser estresantes o difíciles, trabajar en equipo de manera efectiva, tomar decisiones acertadas y liderar con éxito.

3.	**La empatía.** Es un componente clave de la inteligencia emocional. Significa ser capaz de entender los sentimientos y las perspectivas de los demás, lo que nos permite comunicarnos mejor y trabajar en equipo de manera más efectiva.

4.	**La autorregulación emocional**. Se refiere a la capacidad de controlar las emociones propias, evitando reacciones impulsivas que puedan afectar negativamente el trabajo y las relaciones interpersonales.

5.	**La motivación.** Es fundamental en cualquier ámbito, pero especialmente en el trabajo. La inteligencia emocional nos ayuda a mantenernos motivados, enfocados en nuestras metas y perseverantes ante los desafíos.

6.	**La comunicación efectiva.** La comunicación efectiva es clave en el ámbito empresarial. La inteligencia emocional nos ayuda a comunicarnos de manera efectiva y empática, lo que facilita la resolución de conflictos y la colaboración en equipo.

7.   La resiliencia. Es la capacidad de enfrentar situaciones difíciles y recuperarse rápidamente de ellas. La inteligencia emocional nos ayuda a desarrollar esta capacidad, lo que nos permite superar los obstáculos y seguir adelante con determinación.

Espero que estos conceptos te hayan sido útiles, mamá, y que puedas aplicarlos en tu vida diaria para mantener la motivación y el equilibrio emocional. Recuerda que la inteligencia emocional es una habilidad que se puede desarrollar y que te ayudará a liderar con éxito en cualquier industria.

El poder del coaching ejecutivo: alcanza tus metas empresariales con éxito. 7 conceptos básicos.

Estimada Mamá,
Hoy quiero hablarte sobre el **Coaching Ejecutivo** y cómo puede ayudarte a alcanzar tus metas profesionales y personales. **El Coaching Ejecutivo es un proceso de desarrollo personalizado y confidencial que se enfoca en mejorar el rendimiento de un individuo en su rol ejecutivo. El objetivo es alcanzar el éxito empresarial a través de un enfoque holístico que tiene en cuenta los aspectos profesionales y personales.**

A continuación, te presento los 7 conceptos clave del Coaching Ejecutivo:

1.   **Autoconocimiento:** Es importante que los líderes ejecutivos tengan una comprensión profunda de sí mismos, sus fortalezas, debilidades, valores y metas personales. El coaching ejecutivo ayuda a los líderes a desarrollar su autoconciencia para identificar sus fortalezas y debilidades, así como sus oportunidades de crecimiento.

2.   **Planeación estratégica:** Los coaches ejecutivos ayudan a los líderes a crear planes estratégicos de corto y largo plazo para sus organizaciones y sus carreras profesionales. Este enfoque ayuda a los líderes a establecer metas realistas, medibles y alcanzables.

3.   **Comunicación efectiva:** La comunicación efectiva es clave para el éxito empresarial. Los coaches ejecutivos ayudan a los líderes a desarrollar habilidades de comunicación efectivas para mejorar su capacidad de liderazgo.

4.   **Toma de decisiones**: Los líderes ejecutivos se enfrentan a decisiones difíciles todos los días. El coaching ejecutivo les ayuda a tomar decisiones informadas, basadas en datos y en línea con los valores y objetivos de la organización.

5.   **Desarrollo de habilidades**: Los coaches ejecutivos ayudan a los líderes a desarrollar habilidades específicas, como el liderazgo, la resolución de conflictos y la gestión del tiempo.

6.   **Manejo del cambio:** El cambio es una constante en los negocios, y los líderes ejecutivos deben saber cómo adaptarse a los cambios en el entorno empresarial. Los coaches ejecutivos ayudan a los líderes a desarrollar habilidades de manejo del cambio y a ser más flexibles.

7.   **Responsabilidad y rendición de cuentas:** Los coaches ejecutivos ayudan a los líderes a mantenerse responsables y a rendir cuentas por sus decisiones y acciones. Esto es importante para asegurar que los líderes estén alineados con los objetivos de la organización y que trabajen para lograrlos.

Espero que esta explicación te haya ayudado a entender el coaching ejecutivo y cómo puede beneficiar a los Ejecutivos y líderes en su carrera profesional. Si tienes alguna pregunta o si quieres saber más, no dudes en preguntarme.

Customer Relationship Management: El camino hacia el éxito empresarial y la fidelización del cliente. 7 conceptos que debes conocer.

Estimada Mamá,
Hoy quiero hablar contigo sobre un tema muy importante en el mundo empresarial: **Customer Relationship Management, también conocido como CRM.**

El CRM es una estrategia empresarial que se enfoca en el cliente y que tiene como objetivo gestionar de manera efectiva las relaciones con ellos. En otras palabras, busca maximizar la satisfacción del cliente para fidelizarlos y hacer crecer el negocio.

Para que puedas entender mejor lo que es el CRM, te explicaré sus 7 conceptos más importantes:

1.   **Base de datos de clientes:** Se refiere a la recopilación y organización de información sobre los clientes, como sus datos personales, historial de compras y preferencias.

2.   **Automatización de la fuerza de ventas:** Consiste en utilizar herramientas tecnológicas para automatizar tareas como la gestión de contactos, la programación de citas y el seguimiento de oportunidades de venta.

3.   **Gestión de campañas de marketing:** Es el proceso de planear, ejecutar y medir campañas de marketing dirigidas a clientes actuales y potenciales.

4.   **Servicio al cliente:** Se trata de proporcionar un servicio excepcional a los clientes, desde la atención al cliente hasta la resolución de problemas y el soporte técnico.

5.   **Análisis de datos:** Es el proceso de recopilar, analizar y utilizar datos para tomar decisiones informadas sobre la estrategia empresarial.

6.   **Colaboración y comunicación:** Es importante fomentar una cultura de colaboración y comunicación dentro de la empresa para garantizar una experiencia de cliente coherente y satisfactoria.

7.   **Gestión de relaciones con los proveedores:** Es necesario gestionar las relaciones con los proveedores de la empresa para garantizar que se cumplan los acuerdos y que se puedan satisfacer las necesidades de los clientes.

El CRM es una estrategia que puede ser aplicada en cualquier tipo de negocio, ya sea pequeño o grande, y en cualquier industria. Su implementación puede mejorar significativamente la relación con los clientes y aumentar la lealtad y la rentabilidad del negocio.

Espero que esta explicación te haya resultado útil y que puedas aplicar estos conceptos en tu propio negocio o trabajo. Recuerda siempre enfocarte en la satisfacción del cliente para lograr el éxito empresarial.

Gestión de Talento. Atrae, desarrolla y retén a los mejores profesionales: 7 conceptos clave para una empresa exitosa.

Querida mamá,

Hoy quiero hablarte sobre un tema fundamental en el ámbito empresarial: la Gestión del Talento. Sé que no estás directamente involucrada en el mundo de los negocios, pero quiero compartir contigo estos 7 conceptos clave de una manera clara y comprensible.

La Gestión del Talento no solo es relevante para las empresas, sino que también tiene aplicaciones en diversas áreas de la vida.

1.   **Identificación del talento:** La primera etapa consiste en reconocer las habilidades y capacidades únicas de cada individuo. Cada persona tiene talentos y fortalezas especiales, y es crucial identificarlos para aprovechar al máximo su potencial.

2.   **Atracción de talento:** Una vez que se identifican los perfiles de talento deseables, es fundamental implementar estrategias para atraer a los profesionales más cualificados. Esto implica la creación de una marca empleadora atractiva y la promoción de la cultura y los valores de la empresa.

3.   **Desarrollo de habilidades:** La gestión del talento implica invertir en el crecimiento y desarrollo de los empleados. Esto implica ofrecer programas de capacitación y desarrollo que les permitan adquirir nuevas habilidades y conocimientos, así como oportunidades de crecimiento en su carrera profesional.

4.   **Retención de talento:** Una vez que se ha atraído y desarrollado a los profesionales talentosos, es vital implementar estrategias para retenerlos. Esto implica brindar un entorno laboral favorable, oportunidades de desarrollo continuo y reconocimiento por su desempeño.

5.   **Cultura empresarial sólida:** Una cultura empresarial sólida y coherente es un factor clave para atraer y retener talento. Una cultura que promueva la colaboración, la innovación, el aprendizaje y el

respeto mutuo crea un entorno en el que los profesionales talentosos se sienten motivados y comprometidos.

6.   **Gestión del desempeño:** La gestión del talento implica establecer sistemas efectivos de evaluación y retroalimentación que permitan medir el desempeño de los empleados y brindarles orientación para mejorar. Esto facilita el crecimiento y el logro de los objetivos tanto a nivel individual como organizacional.

7.   **Planeación de sucesión:** La gestión del talento también se centra en asegurar la continuidad de la organización a largo plazo. Esto implica identificar y desarrollar a futuros líderes dentro de la empresa y crear planes de sucesión para garantizar una transición fluida cuando sea necesario.

Mamá, la gestión del talento es esencial porque las personas son el activo más valioso de cualquier organización. Al aplicar estos conceptos, las empresas pueden atraer a los mejores profesionales, desarrollar su potencial y retenerlos a largo plazo. Además, estos principios también pueden aplicarse en la vida cotidiana, en nuestra búsqueda personal de crecimiento y éxito.

Espero que estos conceptos te ayuden a comprender mejor la importancia de la gestión del talento y cómo puede impactar positivamente en el desarrollo profesional y el bienestar de las personas.

Nunca es tarde para seguir aprendiendo y creciendo, y estoy seguro de que tus habilidades y talentos pueden contribuir de manera significativa en cualquier entorno.

Conclusión

Querido lector:

Llegamos al final de este libro, **"Honrando el legado de mi madre: 21 temas que debes conocer para tu éxito empresarial y personal"**, y deseo expresar mi más profundo agradecimiento por haber sido parte de este viaje juntos. A lo largo de estas páginas, hemos explorado una amplia gama de temas relacionados con la estrategia empresarial, el emprendedurismo, las finanzas y otros aspectos fundamentales para el éxito en el mundo de los negocios.

He sentido la necesidad de rendir homenaje a la memoria de mi madre y de transmitir su influencia en mi vida. Aunque ella no esté físicamente presente, su espíritu sigue guiándome y motivándome cada día. Su curiosidad innata y su deseo de aprender me inspiraron a compartir estos conocimientos y experiencias contigo.

A lo largo de este libro, hemos explorado temas fascinantes y relevantes, desde la economía y el marketing hasta la calidad, el emprendedurismo y la gestión del talento. Cada capítulo ha sido diseñado para brindarte una comprensión clara y accesible de estos conceptos fundamentales. Mi objetivo ha sido transmitirte la pasión y la importancia de estos temas, espero haberlo logrado.

Como emprendedores y profesionales en constante crecimiento, enfrentamos desafíos diarios en el mundo empresarial. Sin embargo, quiero recordarte que tienes el poder de convertir esos desafíos en oportunidades. A través del conocimiento adquirido en este libro, conoces las herramientas necesarias para tomar decisiones informadas, crear estrategias sólidas y alcanzar el éxito empresarial y personal.

Espero que este libro haya sido una fuente de inspiración y motivación para ti. Que los conceptos y las ideas presentadas aquí te permitan trascender los límites de lo convencional y encontrar soluciones innovadoras. Recuerda que la perseverancia, el compromiso y la pasión son elementos fundamentales para el crecimiento y el logro de tus metas.

Me despido con gratitud y la esperanza de que estos conocimientos te acompañen en tu camino hacia el éxito. En honor a mi madre, quiero que, al cerrar este libro, te sientas motivado para enfrentar los desafíos y alcanzar nuevas alturas en tu vida y en tus negocios.

Gracias por acompañarme en esta travesía y espero que sigamos explorando juntos los caminos del crecimiento y el éxito empresarial.

Espera los siguientes títulos que publicaré.

Con gratitud,

Juan Manuel Vera Valdivieso

Acerca del autor

Juan Manuel Vera Valdivieso es Director y fundador de diferentes empresas relacionadas con el área de consultoría, como Veni-Creator.com, empresa de gestión de conocimiento y comunicación; Definan.mx empresa de consultoría empresarial, coaching y certificación de competencias enfocada en medianas empresas.

Durante 29 años trabajó en una empresa financiera multinacional en la que ocupó diferentes puestos de liderazgo a nivel nacional, regional y local en las áreas de gestión comercial, gestión de clientes gubernamentales e institucionales, estrategia de segmentos y propuestas de valor y estrategia y gestión de la experiencia del cliente.

Es especialista en estrategias empresariales y liderazgo, estrategia y gestión comercial, así como diseño de propuestas de valor y experiencia del cliente.

Es Economista con Maestría en Administración y con estudios de Maestría en Economía.

Se ha desarrollado en el sector financiero, dirigiendo grupos regionales y nacionales. Ha implementado proyectos de alcance nacional e internacional en su trabajo diario."

El porqué de Juan Manuel es: "Ayudar a Empresarios, Directivos y Emprendedores a definir y ejecutar sus proyectos personales y empresariales de forma que transformen sus vidas y crezcan en prosperidad, felicidad y tiempo para disfrutar la vida con quienes aman".

Énfasis en Directivos y Empresarios con una trayectoria laboral de más de 10 años que buscan alternativas para generar ingresos adicionales para cambiar actividad o generar ingresos tras su retiro.

Gracias por caminar conmigo en esta aventura.

Espero que hayas disfrutado leyendo este libro.
Realmente aprecio tus comentarios, y me encantaría escuchar lo
que tienes que decir.

**¿Podrías dejarme una reseña en Amazon haciéndome saber lo
que piensas del libro?**

¡Muchas gracias!

Si quieres ponerte en contacto, búscame en mi página de
Internet o escríbeme:

https://jmverav.com
juanmanuel@jmverav.com

Juan Manuel

Próximos títulos por publicarse.

Serie: La Ruta del Éxito Empresarial: 7 Libros para Triunfar.

Libro 1: Fundamentos del Emprendimiento y Estrategia Empresarial

Libro 2: Marketing y Experiencia del Cliente

Libro 3: Finanzas y Gestión del Riesgo

Libro 4: Innovación y Tecnología Empresarial

Libro 5: Gestión del Talento y Desarrollo Personal

Libro 6: Calidad y Mejora Continua

Libro 7: Estrategias de Crecimiento e Internacionalización